Anita Bilalovic

Das Internet Protokoll Version 6: Aufbau, Funktion und Umstellung von IPv4 auf IPv6

GRIN Verlag

Bibliografische Information der Deutschen Nationalbibliothek:

Die Deutsche Bibliothek verzeichnet diese Publikation in der Deutschen National-
bibliografie; detaillierte bibliografische Daten sind im Internet über http://dnb.d-
nb.de/ abrufbar.

Impressum:

Copyright © 2007 GRIN Verlag GmbH
Druck und Bindung: Books on Demand GmbH, Norderstedt Germany
ISBN: 978-3-640-23064-8

Dieses Buch bei GRIN:

http://www.grin.com/de/e-book/119456/das-internet-protokoll-version-6-aufbau-
funktion-und-umstellung-von-ipv4

FOM Fachhochschule für Ökonomie & Management

München

Berufsbegleitender Studiengang zum

Wirtschaftsinformatiker

5. Semester

Seminararbeit im Schwerpunktfach Betriebsinformatik 3

zum Thema

IPv6 – Aufbau, Funktion und Umstellung von IPv4

auf IPv6

Autorin: Anita Bilalovic

München, den 24. Juli 2007

Abstrakt

Die vorliegende Arbeit befasst sich mit dem Internet Protololl Version 6. In einem ersten Teil wird das Protokoll in seinem Aufbau und Funktion kurz vorgestellt, indem stellenweise der Vergleich mit seinem Vorgänger IPv4 angestellt wird. Die Auswahl der dabei darzulegenden Eigenschaften wurde anhand der in der aktuellen Literatur besprochenen Themen getroffen.

Der zweite Teil der Arbeit legt mögliche Migrationsverfahren dar. Es wird davon ausgegangen, dass eine langsame Migration der ad-hoc Migration vorzuziehen ist. Ausgehend von dieser Feststellung werden drei technische Möglichkeiten einer Umstellung, bei der zunächst beide Protokolle parallel laufen, erläutert. Mangels ausreichender Best-Practice Beispiele (Business Cases) in der Literatur wird als Beispiel eines Migrationsprozesses die von H.-P. Dittler empfohlene Reihenfolge vorgestellt. Dabei wird erneut hervorgehoben, dass eine Migration in Abhängigkeit der Unternehmensgröße kein schnelles Verfahren erlaubt, sondern eine gründliche Planung erfordert. Nicht zu vernachlässigen sind bei einer solchen Planung auch die betriebswirtschaftlichen Aspekte, die abschließend erläutert werden.

Als Hauptergebnis wird festgehalten, dass eine Migration auf IPv6 in Zukunft unumgänglich sein wird, diese jedoch gründlicher und ganzheitlicher Planung in einem Unternehmen bedarf. Ein solches Unternehmen kann sich bei seiner Lösungsfindung an jene staatlichen Einrichtungen orientieren, die im Feld der IPv6-Migration Vorreiterrollen eingenommen haben.

Schlüsselbegriffe: IPv6, Aufbau, Funktionen, technische und betriebswirtschafliche Migration

IPv6 – Aufbau, Funktion und Umstellung von IPv4 auf IPv6

INHALT

Abkürzungsverzeichnis

bzw.	beziehungsweise
ca.	Circa
CIDR	Classless Inter-Domain Routing
DFP	Dynamic Feedback Protocol
d.h.	das heißt
DHCPv6	Dynamic Host Configuration Protocol Version 6
DNS	Domain Name System
DSTM	Dual Stack Transition Mechanism
IAB	Internet Architecture Board
IANA	Internet Assigned Numbers Authority
ICMP	Internet Control Message Protocol
IETF	Internet Engineering Task Force
IGMP	Internet Group Management Protocol
IP	Internet Protocol
IPnG	Internet Protocol next Generation
IPSec.	Internet Protocol Security
IPv4/6	Internet Protocol Version 4/6
IT	Informationstechnologie
Mrd.	Milliarden
MTU	Maximum Transition Unit
NAT	Network Adress Translation
NAT-PT	Network Adress Translation - Protocol Translation
ngtrans	Next Generation Transition
OSI	Open Systems Interconnection (Reference Model)
PAT	Port Adress Translation
QoS	Quality of Service
RFC	Request for Comments
TCP	Transmission Control Protocol
TTL	Time To Live
www	World Wide Web
z.B.	zum Beispiel

Abbildungsverzeichnis

1. Einleitung

Internet Protokolle sind Standards für die Netzwerkschicht des OSI-Modells und regeln die Adressierung und das Routing von Datenpaketen durch ein Netzwerk. Jeder Teilnehmer eines Netzwerks muss dafür eine eindeutige IP-Adresse zur Identifikation besitzen.

Das IPv4 (Internet Protocol Version 4) wurde 1981 von John Postel entwickelt und war die erste Version welche weltweit verbreitet und eingesetzt wurde. Der vorgesehene Adressraum von 32 Bit ermöglicht eine maximale Anzahl von 2^{32} (ca. 4,3 Mrd.) IP-Adressen, was bei der Entwicklung als ausreichend erschien, da das Internet hauptsächlich für wissenschaftliche Zwecke genutzt wurde und somit auf einen überschaubaren Anwenderbereich beschränkt war.

Mit der Einführung des WWW (World Wide Web) Anfang der 90er Jahre, entwickelte sich das Internet jedoch zu einem Massenmedium. Mittels Studien wurde ein genaues Datum errechnet, an dem sämtliche 4.294.967.296 Adressen vergeben sind: am 30. Mai 2010 soll die letzte freie IP-Adresse von der IANA an eine Unterorganisation zugeteilt werden; am 14. Juli 2012 soll dann endgültig diese Unterorganisation die letzen Adress-Räume an die entsprechenden Provider zugewiesen haben. [Pot2007]

Bei den Internet-Späteinsteigern Asien und Südamerika herrscht heute bereits Adress-Knappheit, da die verfügbaren Adressbereiche anfänglich zu großzügig den ersten großen Teilnehmern in Nordamerika und Europa zugeteilt wurden. Aufgrunddessen wird bereits in den IT-Wachstumsmärkten mit Notlösungen gearbeitet, wie PAT (Port Address Translation), Lockerung der festen Netzklassen-Unterteilung durch CIDR (Classless Inter-Domain Routing), NAT (Network Adress Translation) oder dynamischer Vergabe von Adressen. [Wiki2007]

Auch ist abzusehen, dass in den nächsten Jahren durch neue technische Innovationen wie internetfähigen Mobiltelefone, Autos und Elektrogeräte in Privathaushalten der Bedarf an Adressen in der ganzen Welt weiter rapide ansteigen wird.

2. Das Internet Protocoll Version 6 – Aufbau und Funktion

Aufgrund dieses rasanten technischen Fortschritts der letzten Jahre beschränken sich die Defizite von IPv4 jedoch nicht nur auf die Verknappung verfügbarer Adressen. Mit der Entwicklung des IPnG (Internet Protocoll next Generation), wie IPv6 ebenfalls genannt wird, fand deshalb nicht nur eine Anpassung des IPv4 statt, sondern es wurden weiter gehende Änderungen eingeführt. Da eine umfassende Darstellung des IPv6 dem Rahmen dieser Arbeit nicht entsprechen würde, werden im Folgenden exemplarisch einige Leistungsmerkmale des Protokolls dargelegt, die in der aktuellen Literatur wiederholte Beachtung gefunden haben. Zum besseren Verständnis wird stellenweise der Vergleich mit IPv4 gezogen, basierend auf dem entsprechenden RFC 791.

2.1. Anzahl IP-Adressen

Um die zur Verfügung stehende Anzahl der IP Adressen zu erhöhen, wurde mit IPv6 der Adressraum auf 128 Bit vergrößert. Statt der bei 32 Bit rechnerisch verfügbaren ca. 4,3 Mrd. Adressen in IPv4 bietet der 128 Bit Adressraum 2^{128}, also ca. 3,4 * 1038 Adressen. Diese Zahl scheint sehr hoch, betrachtet man jedoch das vom IAB (Internet Architecture Board), einer IETF Arbeitsgruppe, zugrunde gelegte Zukunftsszenario, geht man im Jahr 2020 von einer Weltbevölkerung mit 10 Mrd. Menschen aus, von denen jeder durchschnittlich 100 Computer mit eigener IP Adresse besitzt. Dies ist nicht unrealistisch, wenn man sich vorstellt, dass zukünftig nahezu jedes elektronische Gerät, vom Herzschrittmacher bis zum Kühlschrank, an ein Netzwerk angebunden werden kann.

Da bei einer solchen Zahlenmenge die dezimale Schreibweise an ihre Grenzen stößt, wurde auch die Notation geändert. Im Unterschied zu IPv4-Adressen, die dezimal in 4 Gruppen zu jeweils einem Byte, getrennt durch einen Punkt, dargestellt werden, sind IPv6-Adressen hexadezimal und in 8 Gruppen zu je zwei Byte, getrennt durch einen Doppelpunkt, unterteilt:

    IPv4 Notation: 192.168.0.1

    IPv6 Notation: FE80:0000:0000:0000:0202:B3FF:FE1E:8329

Adressen mit führenden Nullen können gekürzt werden für eine kompaktere Darstellung und damit kürzeren Einträgen in den Routing Tables:

    verkürzte Notation: FE8O::202:B3FF:FE1E:8329

In einer URL wird die IPv6-Adresse in eckigen Klammern eingeschlossen, damit der Browser diese nicht als Port fehlinterpretiert:

URL-Notation: http://[FE8O::202:B3FF:FE1E:8329]/

Möchte man die Portnummer mit angeben, wird sie nach den eckigen Klammern angeführt:

URL-Notation mit Port: http://[FE8O::202:B3FF:FE1E:8329]:80/

Wie auch bei IPv4, gibt es spezielle IPv6-Adressen, denen Sonderaufgaben auferlegt wurden. So heißt beispielsweise der Nachfolger der privaten Adressen von IPv4 (192.168.0.0 bis 192.168.255.255) nun bei IPv6 fc00::/7 (fc... und fd...). Den aus IPv4 bekannten Local Host (127.0.0.1) kann man nun unter IPv6 mit ::1 ansprechen, wobei diese Schreibweise eine Abkürzung aus 15 Nullen und einer 1 darstellt.

2.2. Verschlankung und Effizienz

Um nun mit IPv4 die Pakete an eine Adresse zu versenden müssen diese aufgrund ihrer Größe fragmentiert und die Prüfsummen (checksums) beim Routing damit einhergehend immer wieder geprüft werden. Dies führt zu stark anwachsenden Routing Tables, erhöhtem Speicherbedarf genauso wie erhöhtem Bedarf an Rechenleistung. In IPv6 wurden diese beiden Felder im Header (Fragmentierung und Checksumme) entfernt. Das bedeutet, das IPv6 keine Prüfsumme im IP-Header besitzt, sondern lediglich im TCP-Header wodurch zwar immer noch fehlerhafte Pakete erkannt werden, das aber nur beim Empfänger, der dann wiederum dem Sender bescheid geben muss, das dieser die Pakete erneut verschickt. Weiter verwerfen Router wegen der fehlenden Fragmentierung zu große Pakete nun grundsätzlich. Sie verschicken daraufhin eine ICMP-Nachricht, sodass der Sender die maximale Paketgröße (MTU, Maximum Transmission Unit) entsprechend anpassen kann. Dieses Verfahren wird Path MTU Discovery genannt und ist in leicht abgewandelter Form auch in IPv4 vorhanden, dort aber lediglich als empfohlen, während es in IPv6 mittlerweile Pflicht ist. Probleme treten bei der Path MTU Discovery auf, wenn die benötigte ICMP-Nachricht verloren geht z.B. wegen einer falsch konfigurierten Firewall. In diesen allerdings eher seltenen Fällen, muss vom Sender die kleinstmögliche MTU gewählt werden. Diese beträgt bei IPv4 lediglich 68 Byte. Dies hat den negativen Nebeneffekt das der Router bzw. die Bandbreite unnötig mit Verwaltungsinformationen belastet wird und die Kapazität von Routern, die eigentlich höhere MTUs erlauben würden, nicht ausgeschöpft wird. Man beschloss deshalb in IPv6 die minimale MTU auf 1280 Byte zu vergrößern. [Ziv2007]

2.3. Vereinfachung des Header-Formats

Ein weiterer grundsätzlicher Unterschied zu IPv4 ist der Aufbau des Formats. IPv6 besitzt nun eine feste Header-Länge mit 40 Bytes. Dies stellt eine erhebliche Router-Entlastung dar und unterstützt damit die schnellere Verarbeitung. [Wiki2007]

Gleichfalls wurden Informationen im IPv4-Headerformat, die selten benötigt werden, weggelassen. Der IPv6-Header ist daher stark vereinfacht und die nicht zwingend notwendigen Informationen wurden in so genannte optionale Erweiterungsheader (extension headers) ausgelagert. Der IPv6-Header besteht nun aus dem Basis Header mit 64 Bit, dem zweimal 128 Bit für die Sender und Empfängeradresse folgen, während der IPv4-Header für die eigentlichen Header Informationen 96 Bit benötigt und für Sender- und Empfängeradresse nur jeweils 32 Bit reserviert, denen 32 Bit für (weitere) optionale Angaben folgen:

IPv4

Version	IHL	Type of Service	Total length	
Identification			Flags	Fragment offset
TTL		Protocol	Header checksum	
Source address				
Destination address				
Options			Padding	

IPv6

Version	Traffic class		Flow label	
Payload length			Next header	Hop limit
Source address				
Destination address				

Version	Internet Protokoll Versionsnummer
IHL	IP-Header Länge in 32-Bits
Type of Service (ToS)	Informationen über Prioritäten
Total lenth	Länge des Datagramms in Byte
Identification	wird ein Paket in mehrere Fragmente zerlegt erhält jedes Fragment die
gleiche	Identifikation
Flags	ein Paket fragmentiert, erhalten alle Teile dieses Bit Set, außer dem
	letzten
Fragment offset	Position des Fragments in der Original-Nachricht
Time to live (TTL)	Etappen-Countdown; zählt an den Router- Schnittstellen runter
Protocol	gibt das verwendete Transport-Layer Protokoll an
Header checksum	verifiziert den Inhalt des IP-Headers
Source address	IP-Adresse des Senders
Destination address	IP-Adresse des Empfängers
Traffic class	zur Priosierung von Traffic-Typen
Flow label	kennzeichnet Paketsequenzen des Hosts, die eine besondere
	Handhabung durch den Router erfordern
Payload length	Länge des dem IPv6 -Header folgenden Pakets
Next header	weist auf die Erweiterungsheader hin
Hop limit	zählt bei jeder Sendeschnittstelle (node) runter; sobald Null erreicht ist,
	wird das Paket verworfen

Feldname übernommen von IPv4
Feld nicht enthalten in IPv6
Neues Feld in IPv6
Name und Position geändert

Abbildung 1: IPv4- und IPv6-Header [in Anlehnung an GAO2007, S. 13]

Die optionalen Angaben über Routing, Fragmentierung, Hop-Optionen und Sicherheit sind bei IPv6 nun in den Erweiterungsheadern enthalten, worauf das Feld Next-Header hinweist.

Neben einer substantiellen Verkürzung wird dadurch die fixe Länge des IPv6 Basis-Header sichergestellt, wodurch sich die Paketverarbeitung auf Routern durch Hardwarunterstützung beschleunigen lässt. [Dit2002, S. 10]

2.4. Mobilität und Sicherheit

Mobile IPv6 wird im RFC 3775 beschrieben und stellt eine Art Erweiterung des IPv6 Standards dar. Unter Mobile IPv6 versteht man die Möglichkeit egal wo man sich befindet unter der gleichen IP-Adresse erreichbar zu sein. Für diesen Zweck eine ICMP-Umleitungsnachricht eingeführt, mit der z.B. der Laptop auf der Konferenz einem Agenten im heimischen Netz mitteilt, unter welchen IPs er gerade erreichbar ist. Der Agent stellt dann einkommende Verbindungen dorthin durch. Sicherheitsexperten befürchten bei einem solchen Verfahren, dass diese Mitteilungen auch unerwünscht durch fremden Zugriff umgeleitet werden können. Daher darf der Agent nicht einfach auf Zuruf den Verkehr umleiten, sondern der Administrator muss kryptographisch eine Authentifizierung sicherstellen.

Die Authentifizierungs- und Verschlüsselungmethode dafür bringt IPv6 in Gestalt von IPsec mit [RFC 2411]. Das gibt es zwar auch schon bei IPv4, aber dort muss die entsprechende Erweiterung separat installiert und konfiguriert werden. [Dit2002, S. 69ff]

Auch die Spezifikation einer zugesicherten Dienstgüte (QoS, Quality of Service) ist keine neue Möglichkeit von IPv6. QoS definiert die Fähigkeit eines Netzes, den Datenstrom in Klassen zu unterteilen und diese unterschiedlich zu behandeln. Bisher war diese Spezifikation nicht eindeutig und standardisiert. Dies ändert sich nun mit IPv6, so dass die Bereitstellung von QoS-Informationen im Class Feld des IPv6-Headers zur Steuerung der Dienstgüte auch praktisch möglich wird. [Wie2002, S. 235ff.]

2.5. Multicasting

Letztendlich korrigiert IPv6 auch die bei IPv4 fehlende Fähigkeit zum Multicasting, d.h. zum Gruppenruf, bzw. Erstellen einer Mehrpunktverbindung. Diese kann in IPv4 durch Erweiterung mit dem Internet Group Management Protocol (IGMP) und Class D Adressen zwar theoretisch umgangen werden, jedoch ist es nie umfassend implementiert worden, so dass die Verschwendung von Netzwerkressourcen durch die immer stärker aufkommenden Streaminganwendungen anwuchs. Im Rahmen der IPv6 Spezifikation wurde auch hier die Chance genutzt, IGMP direkt in das IGMP des IPv6 Stacks zu integrieren. Mit dem Wechsel auf IPv6 werden die Router somit automatisch multicastingfähig, ohne dass es einer besonderen Installation oder Konfiguration bedarf. Die flächendeckende Nutzung der Multicasting Adressierung wird dadurch möglich, was wiederum zu einer wesentlichen Reduktion des Datenvolumens führen dürfte. [Lad2006, S.6ff.]

3. Migration von IPv4 zu IPv6

Wie aus den bisherigen Ausführungen ersichtlich wurde, ist der Umstieg auf IPv6 nicht nur aufgrund der zunehmend knapper werdenden IP Adressen unumgänglich, er bringt darüber hinaus auch diverse Vorteile mit sich, die in Summe zu einer deutlichen Steigerung der Effizienz und Qualität führen dürfte. Die Frage ist nun, welche Möglichkeiten es gibt einen Umstieg durchzuführen.

3.1. Technische Migrationsverfahren

Das letztendliche Ziel einer Migration von IPv4-Auf IPv6 ist eine reine IPv6-Netzwerkinfrastruktur zu schaffen, in der es nur IPv6-Hosts gibt. Insbesondere bei großen Netzen ist die Einführung einer neuen Technik jedoch mit der Gefahr von Störungen und Betriebsunterbrechungen verbunden, die viele Unternehmen als zu riskant erachten werden. Die meisten Unternehmen werden sich daher bei der Einführung von IPv6 für eine langsame Migration entscheiden, bei der beide Standards nebeneinander im Netz existieren und miteinander kommunizieren können.

Innerhalb der IETF widmet sich eine eigene Arbeitsgruppe, die Next Generation Transition (ngtrans), der Entwicklung von Verfahren, um solche Co-existenzen zu ermöglichen [Lad2006]. In diversen RFCs werden im Kern drei technische Modelle beschrieben, mit denen die Kompatibilität neuer IPv6-Hosts mit großen Mengen installierter IPv4-Hosts hergestellt werden kann.

3.1.1. Dual Stack

Beim Dual Stack Verfahren handelt es sich um ein Konzept für die Anpassung von Computeranwendungen, die über TCP/IP-Netzwerke kommunizieren. Dabei werden die Geräte mit zwei IP Stacks, jeweils für das alte und neue Protokoll, ausgerüstet, um somit eine Kommunikation zwischen reinen IPv6 und IPv4 Systemen zu ermöglichen. [Hof2003, S.4ff]

Eine Dual-Stack-Anwendung ist in der Lage, beim Verbindungsaufbau festzustllen, was die Gegenstelle für eine Version des IP-Protokolls verwendet. Ist die Gegenstelle ebenfalls Dualstack-fähig, wird IPv6 der Vorzug gegeben.

Bei einer Kommunikation zwischen Geräten wird weiterhin das DNS (Domain Name System) zur Namensauflösung eingesetzt. Trifft z.B. ein IPv4-Header auf einem Dual Stack Router, wird die angesprochene Domain mit einem DNS Server aufgelöst. Findet das DNS eine so genannte IPv4-mapped-IPv6 Adresse, erkennt man, dass IPv6 vom angesprochenen Zielsystem nicht unterstützt wird.

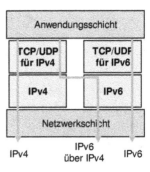

Abbildung 2:

Dual Stack [Mic2007, S.9]

Vom DNS Server wird dann die abgebildete IPv4-Adresse zurückgegeben und die Kommunikation durch den Router über das konventionelle IPv4-Protokoll etabliert. So können in einem IPv6-Netzwerk IPv4-Applikationen weiterhin ausgeführt werden [Mic2007]

Das Dual-Stack Gerät benötigt dafür jedoch zwei Adressen, eine IPv4 und eine IPv6-Adresse, was wiederum das Problem der knapper werdenden IPv4-Adressen nicht löst. Es wurde deshalb mit dem Dual Stack Transition Mechanism (DSTM) ein Verfahren entwickelt, bei dem IPv4-Adressen bei Bedarf temporär vergeben werden. Beim Aufbau einer Verbindung, wird eine IPv6-Adresse zugewiesen und erst wenn eine Kommunikation mit einem IPv4 Gerät etabliert werden soll, teilt das DHCPv6 Protokoll eine für diese Sitzung befristete IPv4-Adresse zu und nimmt einen temporären Eintrag im DNS vor.

Zur parallelen Verwaltung von IPv6 und IPv4-Adressmengen ist eine Aktualisierung des DNS Dienstes notwendig, was einen höheren Speicherbedarf für die Ablage beider Adressmengen mit sich bringt. Darüber hinaus muss die Netzwerksoftware der beteiligten Router aktuell gehalten und entsprechend konfiguriert werden, um die parallele Verwendung beider Stacks zu ermöglichen. [Mic2007] Da die meisten Router neben IP weitere Protokolle wie z.B. Appletalk unterstützen, stellt IPv6 lediglich eine weitere Protokollimplementierung dar.

3.1.2. Tunneling

Das Dual Stack verfahren erlaubt die Kommunikation reiner IPv6 Syteme mit IPv4 Systemen. Kommunizieren jedoch reine IPv6 Systeme miteinander und wird dies durch IPv4 Systeme unterbrochen, ist die Vermittlung nicht mehr möglich. Für diesen Anwendungsfall wurde das Tunneling Verfahren (Encapsulation) entwickelt. Beim Tunneling wird der Medienbruch dadurch gelöst, dass die IPv6 Pakete zum Durchlaufen reiner IPv4 Infrastrukturen getunnelt, d.h. in einen IPv4-kompatiblen Umschlag gesteckt werden. Beim Erreichen eines IPv6 tauglichen Geräts (Tunnelende) wird dieser Umschlag ausgepackt und das IPv6 Paket wie gewohnt weiterverarbeitet [Hof2003].

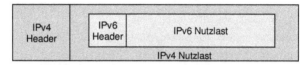

Abbildung 3: Encapsulation einer IPv6 Infrastruktur [Hof2003, S.7]

Dieser Umschlag ist nichts anderes, als ein IPv4 kompatibler Header. Das Verfahren ist auch umgekehrt möglich, um IPv4 Pakete durch IPv6 Umgebungen zu tunneln. In jedem Fall müssen die vermittelnden Router beide Protokoll Stacks unterstützen.

Insgesamt sind demnach 4 Tunneling-Szenarien denkbar:
1. Router zu Router: wie oben erwähnt
2. Host zu Router: ein Ipv6-Host tunnelt Pakete durch eine IPv4 Umgebung zu einem IPv6 Router.
3. Router zu Host: ein IPv6 Router tunnelt Pakete durch eine IPv4 Umgebung zu einem IPv6-Host.
4. Host zu Host: hier wird ein Paket zwischen zwei IPv6-Hosts durch eine IPv4 Umgebung getunnelt.

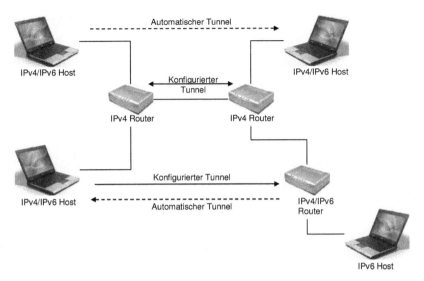

Abbildung 4: Tunneling-Routen [Hof2003, S. 6]

Bei den ersten beiden Szenarien ist ein Router und nicht der Zielhost der Tunnelendpunkt, der das Paket entpacken und an den Zielhost weiterleiten muss. Da es keinen Zusammenhang zwischen der IPv4-Adresse des Routers und der IPv6-Adresse des Zielhosts gibt, kann sie nicht über diese ermittelt werden. Die Adresse des Routers muss deshalb manuell konfiguriert werden, was als konfiguriertes Tunneling bezeichnet wird.

Anders bei den Szenarien 3 und 4 Hier stimmt die Adresse des Tunnelendpunkts mit der Zieladresse überein, weshalb die IPv4-Adresse des Tunnelendpunkts automatisch über die IPv6-Adresse ermittelt werden kann. Dieses Verfahren bezeichnet man deshalb als automatisches Tunneling.

3.1.3. Protokollübersetzung

Bei der Einführung von IPv6 ist auch der Fall zu berücksichtigen, dass IPv6-Hosts in einem neu entstandenen reinen IPv6-Netz weiterhin mit IPv4-Hosts kommunizieren wollen, welche sich in einem reinen IPv4-Netz befinden, d.h. innerhalb der jeweiligen Netze wird nur mit dem jeweiligen Netzprotokoll gearbeitet und nur für das jeweilige Netzprotokoll ist eine Routing-Infrastruktur aufgebaut.

In einem solchen Fall werden Protokollübersetzer verwendet. Dabei handelt es sich um eine Software, die auf einem Knoten an einem dafür geeigneten Ort im Netz läuft und versucht IPv4 nach IPv6 zu übersetzen und umgekehrt. Einige Header-Felder sind dabei direkt übertragbar, einige nur schwer oder gar nicht [Wie2002, S.287ff].

Protokollübersetzer werden primär danach unterschieden, ob sie zustandslos (stateless) arbeiten, d.h. jedes Paket für sich behandeln, ohne es im Kontext zu einem anderen Paket zu sehen, oder nicht zustandslos (statefull).

Stateless IP/ICMP Translation (SIIT)

Die zustandslose Protokollübersetzung von IP- und ICMP Protokollen ist in RFC 2765 definiert. Elementar für die Übersetzung ist, dass die IP Adressen automatisch aufeinander abbildbar sein müssen, d.h. eine IPv4-Adresse muss auf eine IPv6-Adresse abgebildet werden können und umgekehrt. Hierfür war die Einführung einer weiteren IPv6-Sonderadresse notwendig, der sog. „IPv4-translated IPv6-Adresse" mit folgendem Aufbau:

0:0:0:0:FFFF:0 (96 Bits)	IPv4-Adresse (32 Bits)

Abbildung 5: IPv4-translated IPv6-Adresse [Wie2002, S.288]

Der IPv6-Host im IPv6-Netz muss für die Dauer der Kommunikationsbeziehung mit einem IPv4-Partnerhost eine öffentliche IPv4-Adresse zugewiesen bekommen, z.B. durch DHCPv6. Die an den Knoten verteilte IPv6 Sonderadresse muss in den DNS-Server eingetragen werden. [Wie2002, S.289ff.]

Die Funktionen der Protokollübersetzung werden in einer SIIT-Box realisiert, die am Rand der IPv6-Domäne am Übergang in das IPv4 Internet positioniert ist.

Network Adress Translation – Protocoll Translation (NAT-PT)

Als eine weitere Protokollübersetzung ist NAT-PT zu nennen. Hierbei wird der der Mechanismus der aus IPv4 als „Notlösung" bekannten Network Address Translation (NAT) verwendet. Diese Methode werden insbesondere größere Organisationen mit IPv4-Engpass vorziehen, da im Gegensatz zu SIIT die IPv6-Hosts bei dieser Technik keine öffentliche IPv4-Adresse während der aufgebauten Kommunikationsbeziehung benötigen.

NAT-PT muss den Kontext der Pakete zu anderen kennen und arbeitet somit nicht zustandslos (stateful). Damit die Pakete einer Kommunikationsbeziehung im Kontext zueinander betrachtet werden können, müssen sie stets über dasselbe NAT-PT-Gateway gehen.

Auch NAT-PT ist als Zusatzsoftware auf einem Router möglich der ebenfalls an der IPv6-Domäne positioniert wird. [Wie2002, S.293ff.]

3.2. Migrationsprozess

Best-Practice Empfehlungen für die Migration einer vorhanden IPv4-basierten Netzwerkinfrastruktur auf IPv6 sind noch in der Entwicklung begriffen. Insbesondere hängt ein solcher Prozess auch stark von den gegebenen Ausgangsbedingungen einer Unternehmung, wie z.B. der bestehenden Infrastruktur und der Kommunikationsorganisation ab. Dennoch zieht eine Mehrheit der Experten die langsame Migration vor, bei der für eine unbestimmte Zeit IPv4 und IPv6 nebenher und miteinander bestehen können.

Für eine möglichst reibungslose Umstellung eines Netzes wird daher von Dittler folgende Reihenfolge empfohlen:

1. Aufbau eine IPv6 Routers an zentraler Stelle (kann bei sehr kleinen Netzen entfallen)
2. Umstellung des Nameservers auf eine Maschine mit beiden Stacks
3. Aufbau eines DHCP-Servers auf Basis von DHCPv6 (kann bei fest konfigurierten, kleinen Netzen entfallen)
4. Umstellung der zentralen Server auf Maschinen mit IPv4 und IPv6
5. Umrüstung der Clients auf doppelte Protokolle und/oder Aufbau von reinen IPv6 Clients (kann bei Netzen, die vorwiegend Kontakt nach außen haben, auch vor der Umstellung der Server erfolgen)

6. Umstellung der restlichen Server

7. Aufbau von Gateway-Diensten für verbleibende IPv4 Rechner

8. langfristig: Abschaffung von IPv4. [Dit2002, S. 217f.]

Bei der Einführung von IPv6 wird es keinen Tag X geben, an dem ganze Netzte oder das Internet auf das neue Protokoll wechseln. Vielmehr werden sich IPv6 Cluster bilden und immer größer werden, bis das Angebot an Soft- und Hardware die IPv6 als Standard einsetzen überwiegt und IPv4 damit langsam „ausstirbt".

3.3. Betriebswirtschafliche Migrationsaspekte

Die bisherigen Ausführungen betrachteten eine Migration zu IPv6 mehr aus der technischen Perspektive. Genauso maßgeblich wie die richtige Wahl der Migrationsverfahren sind jedoch auch betriebswirtschaftliche Aspekte wie Nutzen und Kosten der Migration oder organisatorische Akzeptanz.

Um Akzeptanz im Unternehmen für eine Migration zu erlangen ist es zunächst notwendig IPv6 dem Management nahe zu bringen, d.h. die Möglichkeiten die es bietet aktuelle Probleme zu lösen erläutern und insbesondere die zukünftige Bedeutung darzulegen. So kann die Migration rechtzeitig in die strategische Planung des Unternehmens mit aufgenommen werden.

Dabei sind Kosten-Nutzen-Analysen und Return-On-Investment Berechnungen verbreitete Methoden, um Investitionen beurteilen zu können.

Der Nutzen und Mehrwert von IPv6 ist in Ansätzen im Vorherigen bereits dargestellt worden. Was die Kosten anbelangt, so sind jedoch nicht nur jene für etwaige Hardware-Umrüstungen anzusetzen. Nicht außer Acht gelassen werden dürfen auch z.B. erforderliche Schulungskosten für die Netzwerk-Mitarbeiter, Kosten einer eventuellen doppelten Netzwerkinfrastruktur während der Transitionsphase oder im Rahmen einer Total Cost of Ownership Betrachtung auch indirekte Kosten wie der unerwartete Ausfall von Systemen und deren Wiederherstellung sowie Produktivitätsstörung des Endanwenders während der Migration. [Lad2006]

Es wird daher von allen Stellen als erfolgsentscheidend angesehen, dass die Migration im Vorfeld ganzheitlich geplant und rechtzeitig im Unternehmen umfassend kommuniziert wird.

4. Fazit und Ausblick

Die vorliegende Arbeit hat dargestellt, dass eine Umstellung auf IPv6 in den nächsten Jahren zwingend erforderlich sein wird, nicht nur aufgrund des immer knapper werdenden Adressraums, auch werden die im Laufe der letzten 20 Jahre aufgekommenen Probleme von IPv4 größtenteils gelöst.

Die vielen Ähnlichkeiten und Gemeinsamkeiten der Protokolle vereinfachen den Umstieg erheblich, dennoch ist es erforderlich sowohl auf technischer als auch auf betriebswirtschaftlicher Ebene den Umstieg sorgfältig zu planen. Ngtrans hat hierfür bereits Vorarbeit geleistet mit der Entwicklung der oben beschriebenen Verfahren, jedes Unternehmen muss nun die Migrationstrategie entsprechend den eigenen organisatorischen Erfordernissen entwickeln und umsetzen.

Auch wenn Best-Practice Methoden derzeit noch rar sind, so sind jene wenige größeren Organisationen, die den Umstieg als Vorreiter gewagt haben nicht marktwirtschaftliche Unternehmen. Überraschenderweise sind es primär staatliche Institutionen, die das Erfordernis erkannt haben und frühzeitig Maßnahmen ergriffen haben. Während in den asiatischen Ballungsräumen IPv6 aufgrund der von vornherein in diesen Gebieten knappen IPv4-Adressen bereits Standard ist, plant auch die Regierung der Vereinigten Staaten den Umstieg aller Behörden bis Juni 2008 vollzogen zu haben. [Lad2006]

Im Verhältnis zur geografischen Größe liegen die USA jedoch immer noch hinter Europa, was die Inanspruchnahme von IPv6-Adressen anbelangt.

Die niederländisch-schweizerische Initiative SixXS führt akribisch Buch über die IPv6-Zuteilungen in aller Welt. Die Statistik zeigt, dass es in Afrika derzeit nur 19 IPv6-Nutzer gibt. Das für Europa und den Nahen Osten zuständige RIPE liegt dagegen mit 619 Zuteilungen an der Spitze. Die USA führen zwar die SixXS-Statistik an, verglichen mit Europa liegt die "Wiege des Internet" allerdings zurück. Deutschland, Großbritannien, die Niederlande und Frankreich haben zusammen 294 Adressblöcke, die USA 263. [Six2007]

Anhang

Wenn auch als Scherz gemeint, so dennoch nicht fernab der Realität deuten nachfolgende „Verhaltensregeln" darauf hin, wie beispielsweise so genannte indirekte Kosten beim Endanwender entstehen könnten. Etwaige Sicherheitslücken sind nur durch eine solide technische als auch betriebwirtschaftliche Strategie aufzufangen.

„Verhaltensregeln

1. *Alles anklicken*
2. *Alles runterladen*
3. *Alles runtergeladene sofort installieren (herausfinden ob es schädlich sein könnte, kostet nur unnötig Zeit und es würde niemand darauf kommen Schadprogramme in eine Installationsdatei zu packen!)*
4. *Sollte das Anti-Viren-Programm Alarm schlagen, deinstallieren! Der Alarm zeigt nur, dass das Anti-Viren-Programm seine Arbeit nicht richtig macht.*
5. *Sollte das Internet nicht funktionieren, sofort neustarten, das behebt den Fehler.*

Sollte der Rechner nun sehr langsam sein oder seltsame Funktionen ausführen, ist der Admin daran schuld, weil er seine Arbeit nicht richtig macht. Gehen sie deshalb sofort zur Personalabteilung und regen sie an, dass man den Admin einsparen könnte, weil der unnötige Kosten verursacht."

[http://www.stupidedia.org/stupi/Internet#Verhaltensregeln]

Eine adequate Antwort hinsichtlich IP zumindest bietet darauf RFC 2322 (Management of IP numbers by peg-dhcp). Darin wird vorgeschlagen mit einem Filzstift die IPAdresse auf eine Holzwäscheklammer zu schreiben und diese an das zugehörige Kabel zu klammern.

[http://tools.ietf.org/html/rfc2322]

Literaturverzeichnis

Bücher

Dit2002   Dittler, Hans-Peter (2002): IPv6 - das neue Internet-Protokoll:
           Technik, Anwendung, Migration
           2. Auflage, Heidelberg 2002

Wie2002   Wiese, Herbert (2002): Das neue Internet-Protokoll IPv6: Mobilität,
           Sicherheit, unbeschränkter Adressraum und einfaches Management
           München 2002

Internetartikel

GAO2005   Intenet Protocol Version 6 - Federal Agencies Need to Plan for
           Transition and Managem Security Riscs (GAO-05-471)
           http://www.gao.gov/new.items/d05471.pdf

Hof2003   Hofmann, Andreas (2003): Umstellung auf IPv6: Mögliche Konzepte
           für die Umstellung eines Netzwerkes auf das neue Internet-Protokoll
           http://www.fhbb.ch/tools/publikationen/pdf/0105_27_Netz-
           Umstellung_IPv6.pdf
           Abgerufen am 2007-07-24

Lad2006   Ladid, Latif et al. (2006): IPv6 Forum Roadmap & Vision
           http://www.ipv6forum.com/dl/forum/wwc_ipv6forum_roadmap_vision_
           2010.pdf
           Abgerufen am 2007-07-24

Mic2007   Microsoft Corporation: IPv6 Transition Technologies, Januar 2007
           http://www.microsoft.com/technet/network/ipv6/ipv6coexist.mspx
           Abgerufen 2007-07-24

Pot2007   IPv4 Address Report
           http://www.potaroo.net/tools/ipv4/index.html
           Abgerufen am 2007-07-24

SIX2007   Ghost Route Hinter: IPv6 DFP Visibility
           http://noc.sixxs.net/tools/grh/dfp/all/?country=ng
           Abgerufen am 2007-07-24

Wiki2007   IPv6
           http://de.wikipedia.org/wiki/IPv6
           Abgerufen am 2007-07-24

Ziv2007   Zivadinovic, Dusan (2007): Das Mega-Netz: IPv6 wird Wirklichkeit
           in: c't 2007, Heft 3, S. 180-182
           http://www.heise.de/netze/artikel/print/87737
           Abgerufen am 2007-07-24

Request for Comments

RFC   1981 – Address Allocation for Private Internets
           2411 - IP Security
           3775 - Mobility Support in IPv6
           791 - Internet Protocol

www.ingramcontent.com/pod-product-compliance
Lightning Source LLC
La Vergne TN
LVHW042314060326
832902LV00009B/1477